Les chiots YORKSHIRE TERRIER

David et Patricia Armentrout

Un livre de la collection Les jeunes plantes de Crabtree

TABLE DES MATIÈRES

CRABTREE
Publishing Company
www.crabtreebooks.com

Soutien de l'école à la maison pour les parents, les gardiens et les enseignants

Ce livre aide les enfants à se développer grâce à la pratique de la lecture. Voici quelques exemples de questions pour aider le lecteur ou la lectrice à développer ses capacités de compréhension. Les suggestions de réponses sont indiquées en rouge.

Avant la lecture

- De quoi ce livre parle-t-il?
    - *Je pense que ce livre parle des chiots yorkshire terrier.*
    - *Je pense que ce livre m'indiquera si les yorkshire terrier sont de bons animaux de compagnie.*

- Qu'est-ce que je veux apprendre sur ce sujet?
    - *Je veux apprendre comment prendre soin d'un yorkshire terrier.*
    - *Je veux savoir si les yorkshire terrier aiment courir et jouer.*

Pendant la lecture

- Je me demande pourquoi...
    - *Je me demande pourquoi les chiots yorkshire terrier n'ouvrent pas leurs yeux dès leur naissance.*
    - *Je me demande pourquoi les chiots yorkshire terrier sont si petits.*

- Qu'est-ce que j'ai appris jusqu'à présent?
    - *J'ai appris que les chiots yorkshire terrier pèsent moins qu'une pomme à leur naissance.*
    - *J'ai appris que les yeux des chiots yorkshire terrier sont complètement ouverts à quatre semaines.*

Après la lecture

- Nomme quelques détails que tu as retenus.
    - *J'ai appris que les chiots yorkshire terrier aiment faire des tours.*
    - *J'ai appris que les chiots yorkshire terrier jappent quand ils entendent des sons inconnus.*

- Lis le livre à nouveau et cherche les mots de vocabulaire.
    - *Je vois le mot **miniature** à la page 3 et le mot **pelage** à la page 11. Les autres mots du glossaire se trouvent aux pages 22 et 23.*

Les chiots yorkshire terrier

Le yorkshire terrier est un **chien miniature.**

Les chiots pèsent moins qu’une pomme à la naissance!

Les mamans ont
un à quatre chiots
par **portée**.

Les yeux des chiots sont complètement ouverts à quatre semaines.

La plupart des chiots yorkie ont un **pelage** noir et feu.

Les yorkies sont enjoués et **énergiques**.

Ils aiment faire des tours.

Les yorkies sont toujours vigilants.

Ils **jappent** souvent quand ils entendent des sons inconnus.

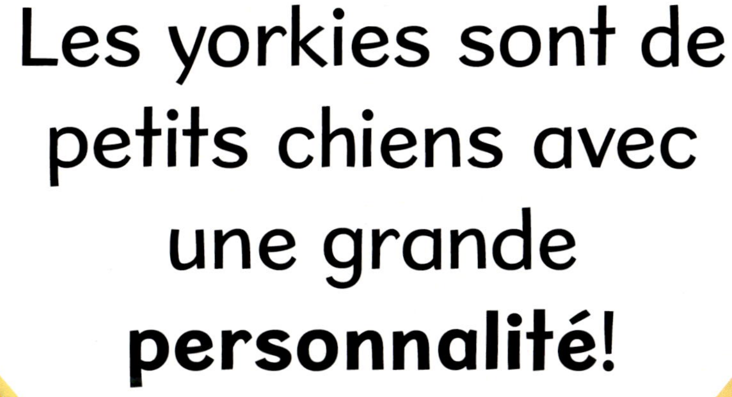

Les yorkies sont de petits chiens avec une grande **personnalité**!

Glossaire

chien miniature (chi-in mi-nia-tur) : Un chien miniature est la plus petite taille d'une race d'animal.

énergiques (é-nèr-jik) : Énergique signifie fort et actif.

jappent (jap) : Un jappement est le son que fait un chien.

pelage (pe-laj) : Le pelage est la fourrure ou la laine des animaux.

personnalité (pèr-so-na-li-té) : La personnalité signifie les traits et les qualités qui différencient les chiens.

portée (por-té) : Une portée est un groupe de chiots ou d'autres animaux nés en même temps d'une même mère.

Index

À propos des auteurs

David et Patricia Armentrout

David et Patricia passent le plus de temps possible à jouer avec leurs trois chiens Gimli, Artie et Scarlet, et à prendre soin d'eux.

Sites Web

Les sites Web sont en anglais seulement.

www.akc.org/dog-breeds/best-dogs-for-kids
www.goodhousekeeping.com/life/pets/g5138/best-family-dogs

Auteurs : David et Patricia Armentrout
Conception : Jennifer Dydyk
Révision : Kelli Hicks
Correctrice : Crystal Sikkens
Traduction : Annie Evearts
Coordinatrice à l'impression : Katherine Berti

Références photographiques : Couverture : photo : shutterstock.com/A StockStudio. Arrière-plan : shutterstock.com/Dreamzdesigners. P. 2-3: ©istock.com/Laures. P. 4-5 : ©shutterstock.com/Ekaterina Krivtsova. P. 6-7 : ©Ryhor Bruyeu | Dreamstime.com. P. 8-9 : ©shutterstock.com/Suponev Vladimir. P. 10-11 : ©Amy Lutz | Dreamstime.com. P. 12-13 : ©shutterstock.com/anetapics. P. 14-15 : ©shutterstock.com/alexkatkov. P. 16-17 : ©istock.com/tsik. P. 18-19 : ©shutterstock.com/ seeshooteatrepeat. P. 20-21 : ©istock.com/CherylEDavis. P. 22, bas : ©Dazb75 | Dreamstime. com, p. 23, bas : shutterstock.com/otsphoto.

Crabtree Publishing Company
www.crabtreebooks.com 1-800-387-7650

Au Canada : Nous reconnaissons l'appui financier du gouvernement du Canada par l'entremise du Fonds du livre du Canada pour nos activités de publication.

Publié aux États-Unis
Crabtree Publishing
347 Fifth Avenue
Suite 1402-145
New York, NY, 10016

Publié au Canada
Crabtree Publishing
616 Welland Ave.
St. Catharines, Ontario
L2M 5V6

Imprimé au Canada/102021/CPC

Catalogage avant publication de Bibliothèque et Archives Canada

Titre: Les chiots yorkshire-terrier / David et Patricia Armentrout ; texte français d'Annie Evearts.
Autres titres: Yorkshire terrier puppies. Français.
Noms: Armentrout, David, auteur. | Armentrout, Patricia, auteur.
Description: Mention de collection: Nos amis les chiots | Les jeunes plantes de Crabtree | Traduction de : Yorkshire terrier puppies. | Comprend un index.
Identifiants: Canadiana (livre imprimé) 20210278455 | Canadiana (livre numérique) 20210278463 | ISBN 9781039609068 (couverture souple) | ISBN 9781039609129 (HTML) | ISBN 9781039609181 (EPUB)
Vedettes-matière: RVM: Yorkshire-terrier—Ouvrages pour la jeunesse. | RVM: Chiots—Ouvrages pour la jeunesse. | RVMGF: Documents pour la jeunesse.
Classification: LCC SF429.Y6 A7614 2022 | CDD j636.76—dc23